麦格劳希尔
给孩子的
经济学
思维课

Economics: Today and Tomorrow

国家的钱是从哪里来的？

[美] 罗杰·勒罗伊·米勒（Roger LeRoy Miller） 著
费伟杰 编译

Copyright © 2008 by The McGraw-Hill Companies, Inc.
All Rights reserved. No part of this publication may be reproduced or transmitted in any form or by any means, electronic or mechanical, including without limitation photocopying, recording, taping, or any database, information or retrieval system, without the prior written permission of the publisher.
This authorized Chinese adaptation is published by China South Booky Culture Media Co., LTD. in arrangement with McGraw-Hill Education (Singapore) Pte. Ltd. This edition is authorized for sale in the People's Republic of China, excluding Hong Kong, Macao SAR and Taiwan.
Translation Copyright © 2024 by McGraw-Hill Education (Singapore) Pte. Ltd. and China South Booky Culture Media Co., LTD.

©中南博集天卷文化传媒有限公司。本书版权受法律保护。未经权利人许可，任何人不得以任何方式使用本书包括正文、插图、封面、版式等任何部分内容，违者将受到法律制裁。

著作权合同登记号：图字18-2023-257

图书在版编目（CIP）数据

国家的钱是从哪里来的？／（美）罗杰·勒罗伊·米勒著；费伟杰编译. -- 长沙：湖南少年儿童出版社，2024.6
（麦格劳希尔给孩子的经济学思维课）
ISBN 978-7-5562-7421-5

Ⅰ.①国… Ⅱ.①罗… ②费… Ⅲ.①经济学—少儿读物 Ⅳ.①F0-49

中国国家版本馆CIP数据核字（2024）第012143号

MAIGELAOXI'ER GEI HAIZI DE JINGJIXUE SIWEI KE GUOJIA DE QIAN SHI CONG NALI LAI DE?

麦格劳希尔给孩子的经济学思维课 国家的钱是从哪里来的？
［美］罗杰·勒罗伊·米勒（Roger LeRoy Miller） 著　费伟杰 编译

监　　制：齐小苗	插　　图：贾涵
责任编辑：张　新　蔡甜甜	营销编辑：刘子嘉
文案编辑：王静岚	装帧设计：霍雨佳

出 版 人：刘星保
出　　版：湖南少年儿童出版社
地　　址：湖南省长沙市晚报大道89号
邮　　编：410016
电　　话：0731-82196320
常年法律顾问：湖南崇民律师事务所　柳成柱律师
经　　销：新华书店
开　　本：875 mm×1230 mm　1/32　　印　　刷：天津联城印刷有限公司
字　　数：62千字　　　　　　　　　　　　印　　张：3.25
版　　次：2024年6月第1版　　　　　　　　印　　次：2024年6月第1次印刷
书　　号：ISBN 978-7-5562-7421-5　　　　定　　价：148.00元（全3册）

若有质量问题，请致电质量监督电话：010-59096394　　团购电话：010-59320018

目录

1 如何衡量一个国家的整体经济 … 1
- 一国的经济可以通过 GDP 来衡量 … 2
- 为什么有时物价会普遍上涨? … 7
- 为什么有时很多人找不到工作? … 14
- 为什么经济形势有好有坏? … 18

2 银行是经营货币的企业 … 29
- 货币的前世今生 … 30
- 用钱来赚钱的银行 … 36

3 政府在经济中扮演着重要角色 … 43
- 为什么我们可以免费使用路灯? … 44
- 国家的钱是从哪里来的? … 51
- 政府的支出超过收入怎么办? … 56

4 国际贸易也会影响一国的经济   **63**

- 一个国家需要生产所有的产品吗?   **64**
- 如果要使用外国货币怎么办?   **72**
- 为什么有些国家要限制进口?   **78**

5 我们的经济正日益全球化   **85**

- 经济为什么会全球化?   **86**
- 我们应该如何面对经济全球化?   **92**

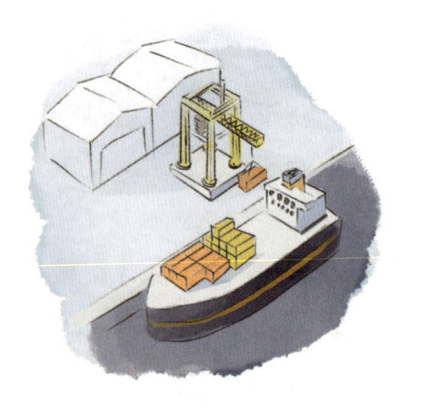

1

如何衡量一个国家的整体经济

- 一国的经济可以通过 GDP 来衡量
- 为什么有时物价会普遍上涨?
- 为什么有时很多人找不到工作?
- 为什么经济形势有好有坏?

一国的经济可以通过 GDP 来衡量

✳ GDP 指标真的不完美吗？ ✳

美国著名经济学家格里高利·曼昆在《经济学原理》一书中回应了罗伯特·肯尼迪 1968 年竞选总统演讲时对 GDP 指标的批评：

"GDP 没有衡量我们孩子的健康，但 GDP 高的国家能够为孩子提供更好的医疗；GDP 没有衡量孩子们的教育质量，但 GDP 高的国家能够提供更好的教育体系；GDP 没有衡量我们的诗歌之美，但 GDP 高的国家可以教育更多公民去阅读和欣赏诗歌；GDP 没有考虑到我们的知识、廉正、勇气、智慧和对国家的热爱，但当人们不用过多关心是否能够提供生活的物质必需品时，这一切美好的品性也容易养成。简言之，GDP 没有直接衡量这些使生活有意义的东西，但确实衡量了我们过上这种有意义生活的能力。"

衡量一个人的经济状况，你可以看他赚了多少钱，看他的生活水平怎么样。接下来，你会了解如何衡量一个国家的整体经济状况。

GDP 能从总体上反映一个国家的富裕程度

GDP 国内生产总值是一个国家或一个地区在一段时间内生产的所有最终商品和服务的总价值。

生活中的经济学

你听说过"经济形势"吗？怎么衡量经济形势好或者不好？

现在，大部分国家都使用 GDP 来衡量一个国家或地区一段时间的总体经济规模。比如，中国 2022 年的 GDP 约为 121 万亿元人民币，北京市 2023 年上半年的 GDP 约为 2 万亿元人民币。GDP 能从总体上反映一个国家或地区的富裕程度。比如，中国 2022 年的 GDP 比印度高出近 100 万亿元，我们一般认为中国比印度更富裕。

GDP 衡量的是总价值，而不是总产量

不同东西的产量加起来没有多大意义，更不能互相比较。假设中国去年生产了 760 列动车组列车和 2718 万辆汽车，我们如果简单地把数字 760 和 2718 万加起来没有任何意义。如果拿中国的汽车产量去和美国的汉堡产量进行比较就更没意义了，因为汉堡的价格和汽车的价格完全不是一个数量级的。

GDP 计算的是所有这些商品和服务的总价值，也就是要把每个产品的价格考虑进去。假设一列动车组列车价格是 2 亿元，760 列动车组列车的总价值就是 1520 亿元，这才是生产动车组列车贡献的 GDP。

GDP 衡量的是最终的商品和服务，不包含中间产品

GDP 定义中的"最终"一词很重要。为了准确衡量经济状况，只需要计算最终商品和服务的价值，不需要计算中间产品，以避免重复计算。比如生产电动汽车，如果汽车电池已经安装在汽车上，那么在计算 GDP 时，就不能再把电池的价格算进去，因为汽车的最终价格已经包含了电池等中间产品的价格。但是，如果汽车电池在店里单独销售，它们就应该被计入 GDP。

换句话说，如果电池装在一辆新车上卖给消费者，这块电池的价格不计入 GDP，而如果一块电池装在一辆旧车上，这块电池的价格就要计入 GDP。

GDP 衡量的是新生产商品的价值，不包含二手商品

GDP 是国内生产总值，"生产"意味着计算 GDP 时只计

算新生产的商品，而不计算二手商品。因为二手商品的销售不涉及新的生产活动，而只是现有的商品由一个人转让给另一个人。比如，把新生产的电脑卖给消费者要计入GDP，二手电脑的交易就不能计入 GDP 了。

人均 GDP 更能反映一个国家的富裕程度

用 GDP 除以这个国家或地区的人口数就等于人均 GDP。

生活中的经济学

如果学校给每班 100 个糖果，而你们班人数最多，你觉得同学们会有什么反应？

使用 GDP 来衡量一个国家或地区的经济发展水平或富裕程度忽略了一个重要的因素，那就是人口。中国和印度的人口差不多，所以直接比较 GDP 是合理的。

如果两个国家的人口数差距比较大，那直接比较 GDP 就意义不大了，这时候人均 GDP 就是相对更合理的指标。一个国家或地区的人均 GDP 就是用它的 GDP 除以它的人口数得到的数值。

印度 2022 年的 GDP 折合人民币约为 23 万亿元，英国 2022 年的 GDP 折合人民币约为 21 万亿元。单纯看这两个数字，印度比英国更发达、更富有。但印度人口超过 14 亿，而英国人口还不到 7000 万，印度人口大概是英国的 20 倍。

分别计算出两个国家的人均 GDP，印度的人均 GDP 折合人民币约为 1.6 万元，而英国的人均 GDP 折合人民币约为 30 万元，英国的人均 GDP 是印度的近 20 倍。所以按人均 GDP 来看，英国比印度富裕太多了，事实也是这样。因此，人均 GDP 更能反映一个国家或地区的富裕程度。

为什么有时物价会普遍上涨？

✳ 一个穷得只剩钱的国家 ✳

曾经有人到津巴布韦调查"为什么这个国家短跑运动员如此出众"，结果发现是因为通货膨胀。因为这个国家的人们每天都在短跑冲刺，为的是能少花1个亿。当然，这只是一个笑话。事实上，严重的通货膨胀经常使得这个国家上午1亿津币一袋的土豆，下午就涨到了2亿津币。

2000年开始，津巴布韦的经济形势开始持续恶化，政府疯狂印刷纸币，或许他们觉得这会使国家和人民显得更富有。随之出现的是物价的飞速上涨，人们手中的钱急速贬值。5000万的津币只能买到几片面包，几十亿的津币只能买到一颗白菜。快速的通货膨胀也使得津币面值呈指数增加，最高达到了100万亿一张。"推着一车纸币跑步前进买东西"曾一度成为津巴布韦的一道风景线。

津巴布韦的恶性通货膨胀持续了近10年，人们的生活水平急剧下降。真是穷得只剩钱了！

GDP 可以从总体上衡量一个国家或地区的经济规模，人均 GDP 可以更好地反映一个国家或地区的富裕程度。接下来，你会了解通货膨胀是如何从另一个角度影响 GDP 数值的。

通货膨胀会使货币的购买力下降

如果中央银行为了某种目的发行过多的纸币，但同期商品和服务的产出量并没有相应增加，就可能引发通货膨胀。换句话说，通货膨胀就是"货币过多，商品过少"的结果。

> **生活中的经济学**
>
> 五年前，一根阿尔卑斯棒棒糖 5 角钱，现在，一根阿尔卑斯棒棒糖 1 块钱，同样是 2 块钱，和以前相比，现在能买到的棒棒糖是多了还是少了？

如果商品和服务的价格在一段时间内持续而普遍地上涨，就说明发生了通货膨胀。当发生通货膨胀时，货币的购买力会下降。那么，什么是货币的购买力呢？你用 1 元钱可以购买到的商品或服务的数量就是 1 元钱的购买力。换句话说，如果发生通货膨胀，1 元可以购买的商品或服务的数量相比之前会减少。

那么，通货膨胀如何影响 GDP 的准确性呢？如果今年发生通货膨胀，即使今年和去年相比，整个国家的产量没有变化，这个国家的 GDP 数值也会升高。例如，A 国今年和去年的冰淇淋产量都是 100 万个，去年购买一个冰淇淋需要 3 元，而今年需要 5 元，这会导致 A 国 GDP 增长 200 万元（5×100 万 -3×100 万 = 200 万），但今年该国冰淇淋的产量还是 100 万个，并没有发生变化，只是物价发生了变化。因此，如果要衡量一个国家或地区某一段时间的实际产出，就需要从 GDP 数值里剔除价格的因素。

相反，如果商品和服务的价格在一段时间内持续而普遍地下跌，就说明发生了通货紧缩。通货紧缩也会影响 GDP 数值，但现在很少发生这种情况。

如何衡量通货膨胀？

通过计算不同价格指数的变化，可以衡量通货膨胀的高低。

生活中的经济学

询问一下你父母,他们小时候在饭店吃一碗面需要多少钱?你现在在饭店吃一碗面需要多少钱?现在一碗面的价格比你父母小时候的价格贵多少?

政府经常用消费者价格指数(consumer price index,以下简称 CPI)和生产者价格指数(producer price index,以下简称 PPI)来衡量通货膨胀。

每个月,政府都会测算并公布与城乡居民生活相关的消费品和服务的价格变动情况,也就是 CPI。中国 2022 年的 CPI 比 2021 年上涨 2%,2023 年 8 月的 CPI 比上月上涨了 0.3%,比 2022 年 8 月上涨了 0.1%。CPI 的涨幅可以反映通货膨胀的严重程度。

用于编制 CPI 的一组商品和服务包括食品烟酒、衣着、居住、生活用品和服务、交通和通信、教育文化和娱乐、医疗保健、其他用品和服务共 8 大类、262 个小类。每隔几年这组商品和服务就更新一次，加入一些新的商品和服务，以反映当前的消费模式。下表是中国 2022 年 CPI 相对于 2021 年的上涨情况。

指标	全国	城市	农村
居民消费价格	2%	2%	2%
食品烟酒	2.4%	2.6%	2.1%
衣着	0.5%	0.6%	0.3%
居住	0.7%	0.5%	1.3%
生活用品和服务	1.2%	1.2%	1%
交通和通信	5.2%	5.2%	5%
教育文化和娱乐	1.8%	1.9%	1.7%
医疗保健	0.6%	0.6%	0.8%
其他用品和服务	1.6%	1.5%	2%

另一个衡量通货膨胀的重要指标是 PPI，PPI 反映了工业品价格的变化情况。PPI 的增长通常先于 CPI。例如，种植苹

果有时可能收成不好，这样苹果的供给就会减少，苹果的价格就可能会上涨，这可能会使 PPI 上升。购买苹果的面包店可能会提高苹果派的价格，来覆盖原材料苹果上涨的成本。因此，消费者只能花更多钱购买苹果派这一最终产品，而这可能会使 CPI 上升。因此，PPI 上升通常被视为通货膨胀和 CPI 上升的征兆。

考虑到通货膨胀，可以把 GDP 区分为"名义 GDP"和"实际 GDP"。

假设 2021 年，一个童话王国只生产了下面这几种商品，同时给出了每种商品的价格。

生产的商品	商品的单价（元）
3 把锤子	10
2 件衬衫	5
1 本书	4

那么该国 2021 年的 GDP 是 44 元（3×10 + 2×5 + 1×4 =44）。

2022 年，该国还是生产了这几种商品，但商品的价格都上涨了。

生产的商品	商品的单价（元）
3把锤子	15
2件衬衫	10
1本书	8

那么，该国2022年的GDP是73元（3×15 + 2×10 + 1×8 = 73），这个使用2022年价格计算出的GDP就是2022年的名义GDP。可见，2022年名义GDP上涨了29元（73 - 44 = 29）。

如果把2021年作为基年，也就是使用2021年的价格计算2022年的GDP，结果还是44元，这个GDP就是2022年的实际GDP。可见，2022年的实际GDP相对于2021年没有变化，原因是每种商品的产量都没有变化。

为什么有时很多人找不到工作？

✻ 青年失业率居高不下，怎么办？ ✻

2023年3月全国城镇调查失业率5.3%，比上月下降0.3%。但16—24岁青年人失业率高达19.6%，包括大学生在内的青年就业，仍然面临着困难和挑战。

青年群体失业率高，其实是世界性难题。从世界范围看，各个国家青年失业率居高不下。例如2022年欧洲联盟（以下简称"欧盟"）27国15—24岁群体的平均失业率为14.5%，其中意大利为23.7%。长期的统计数据表明，青年群体的失业率一般高达社会平均失业率的2到3倍。

青年失业率居高不下的主要原因是青年群体的人力资本存在短板，当然也有经济周期因素。解决青年失业问题，政府、教育机构、企业和青年自己都责无旁贷。

——改编自中国人民大学劳动人事学院院长、教授赵忠《青年失业率居高不下，怎么办？》

一个人失业会给他的生活带来不确定性。同样地，大量的人失业也会给一国的经济带来不确定性。接下来，你会了解过高的失业率会影响国家的经济稳定。

如何衡量失业？

如果一个人符合就业的年龄，既有工作能力，又有工作意愿，那么这个人就属于劳动人口。在劳动人口里，找到工作的是就业人口，找不到工作的是失业人口。

生活中的经济学

你听说过"无业游民"吗？如果你是政府领导，你希望无业游民多一些还是少一些？

政府都希望失业人口尽量少，太多的失业人口不光影响社会的稳定，也会造成人力资源的浪费。因此，充分就业是政府管理经济的一个重要目标。

失业率是反映一个国家或地区失业状况的指标，在数值上等于失业人口占劳动人口的百分比，其中劳动人口等于失业人口和就业人口之和。政府每个月都会公布失业率。例如，中国2023年8月的失业率为5.2%。

需要注意的是，只有符合就业年龄，既有工作能力又有工作意愿的人才属于劳动人口，学生、退休人员和长期住院的人，就不属于劳动人口。

失业的原因有哪些？

经济学家关注的失业包含周期性失业、结构性失业、季节性失业和摩擦性失业。

生活中的经济学

有人担心自己会被人工智能替代，并因此失业，你会有这种担心吗？

造成失业的原因很多。在任何经济体中，有一定的失业率是正常现象，但失业率过高就会威胁到经济稳定。下表是几种常见的失业类型。

失业的类型

类型	说明	特征
周期性失业	经济周期性波动造成的失业。	经济衰退和萧条时期，失业率会上升；经济复苏和繁荣时期，失业率会下降。
结构性失业	经济结构变化造成的失业，比如技术进步。	从业者的知识、技能等无法适应新的市场需求。
季节性失业	季节变化或天气变化造成的失业。	是一种自然失业，主要会影响农业、建筑业、旅游业等行业的从业者。
摩擦性失业	从业者跳槽、被解雇或再培训导致的临时性失业。	岗位和求职意向的匹配需要一定的时间。

政府管理经济的目标之一是充分就业，但充分就业并不是失业率为零的状态。事实上，失业不可能完全消除。现在，经济学家通常认为，失业率在5%左右时，就达到了充分就业。

为什么经济形势有好有坏?

✳ 繁荣之后的萧条 ✳

我们穿越回90年前的美国。企业大量销毁"过剩"的产品,他们把大量的牛奶倒进密西西比河,使这条河变成了"银河"。城市中有很多无家可归的人,他们用木板、旧铁皮、油布甚至牛皮纸搭起了简陋的房屋。穿着整洁西装、打着笔挺领带的苹果小贩成了纽约城市街头的风景线,因为那一年苹果大丰收,那些失去工作的银行家都去卖苹果了。

这就是1929—1933年美国经济大萧条的真实写照。在这之前的10年,财富和机会向美国人敞开了自己吝啬的大门,整个社会对新技术和新生活方式趋之若鹜,"炫耀性消费"曾经是那个时代的潮流。

一个国家的经济形势有好有坏，通货膨胀率有高有低，失业和国际贸易的情况也不会一成不变。也就是说，大部分经济数据都会上上下下，起起落落。接下来，你会了解经济活动中发生的波动。

一个完整的经济周期通常包含几个阶段？

经济活动经常会有规律地扩张和收缩，呈现繁荣、衰退、萧条、复苏四个阶段。

生活中的经济学

当挨批评的时候，你的心情会很糟糕，郁闷一段时间后，你的心情开始有所改善，直到恢复为正常的状态。

一个人的心情会有起伏，会经历开心、伤心的循环往复。一个国家的经济也会上下波动，也可能会经历繁荣、衰退、萧条和复苏的经济周期。

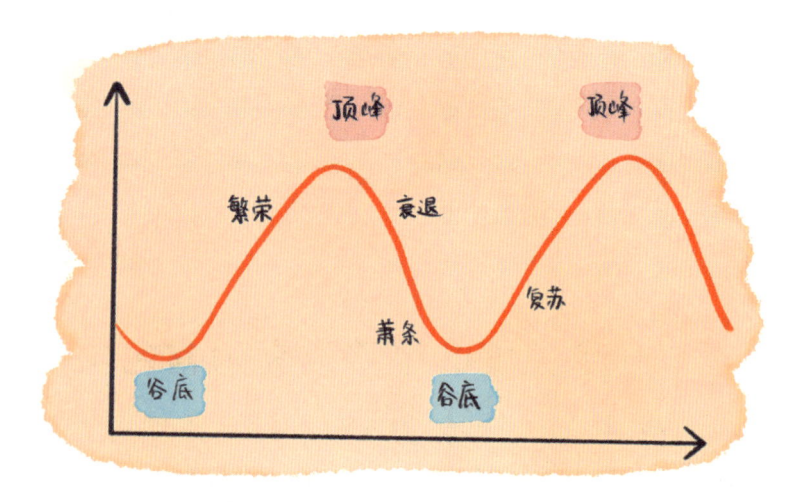

在繁荣阶段,经济高速增长,人们安居乐业,对未来充满信心,到处欣欣向荣。

在衰退阶段,经济增速减慢,企业开始收缩,人们信心不足,失业率开始慢慢上升。

在萧条阶段,经济持续低迷,企业倒闭增多,失业问题严重。

在复苏阶段,经济慢慢恢复,企业陆续开始扩张,人们的信心逐步恢复,直到一个新的经济周期开始。

为什么会产生经济波动?

经济学家认为,企业决策、政府政策等因素会引起经济的上下波动。

> **生活中的经济学**
>
> 你现在经常去实体店买东西吗？还是经常在网上购物？想一想：互联网在哪些方面会影响经济？

一些经济学家认为，企业决策是引起经济波动的关键因素。如果企业认为其产品销售前景很好，就会增加投资，进行扩张，进而创造出新的就业机会，并带来更多的消费支出，促进经济的繁荣。相反，当企业对未来一段时期的信心不足时，就会削减投资，甚至进行业务收缩，从而导致经济的衰退。

很多经济学家认为，政府不断变化的政策也是引起经济波动的主要因素。政府主要通过两种方式影响经济活动：一是调整政府收入和支出的政策，也就是财政政策；二是调节经济活动中的货币供应量，也就是货币政策。

另外，国家经济活动之外的因素也可能会引起经济波动。比如，战争会对经济产生重要的影响，因为战争会增加政府的开支。

经济学家怎么预测未来的经济走向?

经济学家经常使用先行指标、同步指标和滞后指标来评估经济现状并预测经济的未来走向。

生活中的经济学

天空乌云密布,电闪雷鸣,你认为接下来很可能会发生什么?

就像气象台每天都在预测未来几天的天气一样,企业家几乎每天都在预测未来几个月或者未来几年的经济形势。为了帮助企业家,政府和经济学家研究出了一些经济指标来反映现在的经济状况和未来的经济走向。

先行指标

能够反映未来经济走向的统计数据叫作先行指标。先行指标会预测未来一段时间整个经济活动的变化。经济学家使用先行指标来预判宏观经济的走势，比如新房开工率上升预示着经济复苏，金融机构新增贷款减少预示着经济衰退。

同步指标

有些经济指标随着整个经济活动的变化而变化，这种指标叫作同步指标。同步指标开始下跌，表明经济的收缩已经开始。同步指标开始上升，表明经济正在复苏。经济学家使用同步指标来考察宏观经济的走势，比如工业用电量和铁路货运量上升都说明经济正在复苏，GDP增长率下降说明经济正在衰退。

滞后指标

顾名思义，滞后指标滞后于整个经济活动的变化。经济学家使用滞后指标来确认宏观经济的走势，比如CPI下降说明经济已经进入了下行阶段。

珍妮特·耶伦

经济学家（1946—　）
现任美国财政部长

珍妮特·耶伦（Janet Yellen）在回顾她被任命为美国联邦储备委员会（以下简称"美联储"）委员时说："那时候我连西装都没有。在伯克利，我从来没有觉得我一定要穿西装。接到任命电话后，我穿过马路现买了一套。"

耶伦带到华盛顿的不仅仅是一套新西装，还有能够解释并解决复杂经济问题的方法。到美联储工作之前，她曾在大学任教，并多次担任政府经济顾问。"我现在有了把象牙塔里的想法运用到现实世界的机会，而且这是很多学者梦寐以求的机会。"这是她第一次这么说，但是忙碌的工作并没有打乱她的正常生活，"我很早就将家庭视为我人生的重中之重。"

那时候，耶伦作为美联储的负责人，目标是帮助国家实现并保持经济增长、充分就业和物价稳定。和有些经济学家不同，耶伦并不认为市场经济就该放任自由。她和她丈夫乔治·阿克尔洛夫（George Akerlof，诺贝尔经济学奖得主）共

同撰写了一篇论文,论证了政府可以减缓经济波动,使经济周期更为平缓。耶伦说:

> **在组织经济活动方面,市场经济是一种了不起的制度。但是市场经济也存在一些问题,因此,政府干预是必要的,也是很有帮助的。**

想一想

你如何理解"有机会把象牙塔里的想法运用到现实世界"?(提示:象牙塔一般用来比喻大学校园)

你如何理解"政府可以使经济周期更为平缓"?

全球经济

货币简史：几个世纪以来，像牛、盐、大石头、贝壳、金属、珠子、茶叶、咖啡、烟草、鱼钩和毛皮等物品都曾被用作货币。下面来看看，历史上都有哪些重要的货币。

贝壳

贝壳在亚洲、非洲和大洋洲都曾被用作货币。一些非洲国家直到 20 世纪中期仍在使用贝壳作为货币。加纳货币单位塞地（cedi）的名字来源于加纳语，意思是"贝壳"。

戒指和锭

或许早在公元前 2500 年，古埃及和美索不达米亚（底格里斯河和幼发拉底河之间的土地）的人们就开始使用金银作为货币。货币的形式有戒指、小饰物、金锭或金条。

最早的硬币

生活在土耳其西部的吕底亚人，可能在公元前 7 世纪铸造了第一批硬币。希腊人、波斯人和罗马人学习了吕底亚的铸币技术，随着时间的推移，硬币的使用遍及西欧大部分地区。这些硬币大多由金银合金制成，上面常常刻着狮子、神像等图像。

第一张纸币

中国人可能和吕底亚人差不多在同一时期开始制造硬币。这些钱币是用青铜制成的，上面通常有小孔，这样就可以将硬币穿在绳子上。北宋初期，中国人开始使用纸币交子，这种纸币是由桑树树皮制成的纸做成的。

学以致用

中国现在有哪些面值的硬币和纸币？利用互联网研究中国纸币的历史，绘制时间轴并标出中国历史上各个朝代货币的名称。

全球思维

硬币的使用起源于什么时候？起源于哪里？

为什么说加纳货币反映了非洲货币的历史？

2
银行是经营货币的企业

- 货币的前世今生
- 用钱来赚钱的银行

货币的前世今生

❋ 货币才是"无冕之王" ❋

货币,俗称"钱",可以说是世界上最普通又最神奇的东西了!

自从货币诞生以来,它似乎就是"无冕之王"。因为它神通广大,几乎无所不能,所以很多人对它顶礼膜拜。撇开人们的爱憎不论,不管是对咱老百姓个人,还是对整个国家、社会,货币还真扮演着不可替代的角色!

在历史上,人们也曾试图"罢免"这个"无冕之王",然而种种煞费苦心的努力和由此带来的恶果让人们越来越清醒地认识到,货币这个"王"不是我们"加冕"的,我们也同样无法使它"下台"。人们要想生活得更好,不应该去努力除掉它,而是应该想办法更好地驾驭它,驯服它,让它更好地为经济社会发展服务。

——节选自中国人民银行《金融知识国民读本》

我们作为消费者,购买商品和服务要用到货币,企业购买原材料、机器设备要用到货币。那么,货币在经济中到底是怎么发挥作用的？接着往下阅读，你会找到问题的答案。

不是所有的物品都能充当货币

很多人认为货币就是纸币。

生活中的经济学

你每天的衣食住行都需要用到"钱"，可是关于"钱"，你了解多少呢？

很久以前，贝壳、绵羊、布匹、烟草等都充当过货币。美洲原住民使用过贝壳串珠当货币，斐济群岛的人们使用过鲸鱼牙齿当货币，中国古代使用过龟壳当货币。

后来，充当货币的东西从普通物品发展成了贵金属。比如中国从春秋战国时期开始用金、银、铜等贵金属充当货币。

今天，人们已经不再使用金元宝、银锭或铜板买东

31

西了，而是使用一种特殊的货币，也就是纸币。中国北宋时期的交子是世界上最早的纸币。

那么，为什么这些物品会被充当货币呢？它们有什么共同的特点呢？

★ **耐用：** 用作货币的物品要耐磨损，即使是现在的纸币，也要通过技术手段使其尽可能地延长使用寿命。

★ **便携：** 货币要便于携带，纸币虽然不是那么耐用，却是最方便携带的货币。

★ **可分：** 货币要容易分成较小的数额，以便于购买不同价格的商品。

★ **价值稳定：** 货币的价值不能变化太快，否则人们就不愿意储存了。

★ **稀缺：** 只有稀缺的物品才有价值，即使是现在的纸币，也不能随便印制，所以也是稀缺的。

★ **普遍接受：** 充当货币的物品一定要得到人们的普遍认可和接受。

综合来看，纸币相对于金属货币和其他实物货币，更符合这些特点。

阅读检查

1. 你能说出五种曾被当作货币的物品吗？
2. 纸币相对于金属货币，哪些方面更有优势？

货币在经济中的作用

随着经济的发展，货币逐渐形成了5个职能，具体包括价值尺度、流通手段、支付手段、贮藏手段和世界货币。

价值尺度

人们可以使用货币比较不同商品或服务的价值。每个国家都有一个货币单位来衡量商品和服务的价值，就像用"千米"或"米"来度量长度一样。在美国，基本的货币单位是美元，在日本是日元，在欧洲大部分地区是欧元，在中国是元。超市里的每件商品都标有价格，表明你购买这件商品需要花的钱，比如美国超市里一桶牛奶的价格是3美元，中国超市里一盒薯片的价格是6元。

通过比较价格，你可以判断买这

个更好，还是买另一个更好；你还可以判断是在这家店买更好，还是在另一家店买更好。

流通手段

当你用货币购买商品或服务时，卖方愿意接受你的货币，一手交钱一手交货，这就是货币的流通手段。如果没有货币，人们就不得不进行物物交换，也就是用你的东西来交换他人的东西。物物交换必须满足下面的条件才能达成：无论是交换的哪一方，他们想要的东西正好是对方能提供的东西。历史上，物物交换曾经广泛存在。现在，物物交换已经很少见了。

支付手段

购买商品和服务并不都是一手交钱一手交货的。有时会先交钱，过段时间再交货，也就是预付。有时还会先交货，过段时间再交钱，也就是赊购。在这两种情况下，货币都发挥了支付手段的作用。

贮藏手段

当你赚了钱后，你可以把钱存起来留待以后使用，这就是货币的贮藏手段。假设你的爸爸妈妈每月的15号有一笔工资收入，但你家并不是只有每月15号花钱，而是几乎每天都有衣食住行等各方面的支出，所以他们需要把大部分工资收入存起来。这时候，货币也发挥了贮藏手段的作用。

世界货币

现在，国与国之间几乎都有贸易往来，日本要购买美国的商品，美国也要购买中国的商品。货币的流通已经超出一国的范围，在世界市场上发挥作用。

阅读检查

1. 你认为，物物交换的达成容易吗？为什么？
2. 作为流通手段，你觉得纸币和贝壳哪个更合适？为什么？

用钱来赚钱的银行

✳ 自动柜员机的诞生 ✳

1977年，花旗银行在纽约市各处安装自动柜员机（automated teller machine，以下简称ATM），几乎在一夜之间，400多台花旗银行的ATM遍布纽约市，这在当时是一个极具风险的举动。

1978年1月，一场巨大的暴风雪袭击了纽约，40多厘米厚的积雪覆盖了整个城市，所有银行因此关门数日。这场雪是ATM的转折点，当时正值新年过后，人们都等着用钱，于是ATM的使用需求开始激增。花旗银行此前安装的ATM成了这场突发事件中的最大赢家。

几天之后，一则广告出现了！这则广告播放了纽约人在大雪纷飞中跋涉到花旗银行ATM取款的场景。一句流行语由此诞生："花旗从不歇息。"接下来，ATM的使用量开始爆发式增长。

银行是怎么产生的？

生活中的经济学

走在城市的大街上，我们经常会看到银行，有国内的银行，还有来自国外的银行。你去过银行吗？

"银行"一词起源于意大利语banco，意思是"长板凳"。在中世纪中期的欧洲，各国之间的贸易往来日益频繁，意大利由于威尼斯等港口城市交通便利，成了欧洲最繁荣的商业中心。商人们带来了各式各样的金属货币，但是，不同的货币在品质、大小等方面可能不一样，因此交易起来有些麻烦。于是在这些港口城市出现了专门鉴别、保管、兑换货币的人，他们坐着长板凳，等待需要兑换货币的人。后来这些人有了一个统一的称呼——"坐长板凳的人"，他们就是世界上最早的银行家。商人们有时会把钱交给"坐长板凳的人"，换取一张票据，然后到目的地凭票据就可以领取现金。

"坐长板凳的人"在经营货币业务的过程中，手里一直会有一些客户没有取走的现金，他们很快就发现了新的赚钱之道。他们把这部分钱借给需要用钱的人，同时收取一定比例的费用。当他们尝到甜头之后，开始更多地吸收人们的闲钱并支付一定比例的费用，然后把这些钱借出去收取更多的费用，这样他们就能赚到更多的利润了。老百姓有了闲钱就可以存到"坐长板凳的人"那里去，需要的时候又可以到他们那里取出来。这些"坐长板凳的人"就像一个存钱的箱子，因此后来被人们称为 bank，意思是"存钱柜"。这就是银行的英文名称 bank 一词的由来。

　　在很长一段历史时期内，中国人主要使用银子作为货币，而商铺又被称为"行"，所以 bank 翻译成中文就是"银行"。

银行是货币的中介

　　银行吸收大家的钱，叫存款业务。银行把吸收来的钱借给有需要的个人或企业，叫贷款业务。银行充当了货币中介的角色，在现代经济中处于非常重要的地位，可以大大提高整个经济的运行效率。如果没有银行这个货币中介，你只能把钱放到小猪存钱罐或者家里的某一个角落里，这既不安全，还没有收益；需要用钱的人也找不到地方借，错失一个又一个的好机会，非常不利于经济的发展。

银行有哪些卡？

储蓄卡

也叫借记卡，你要先把钱存到储蓄卡账户里，需要的时候可以把钱取出来，也可以刷卡消费。储蓄卡本质上就是货币。

信用卡

也叫贷记卡，你不需要往信用卡账户里面存钱，就可以先消费，这叫透支。透支后，按照银行的规定还款即可。信用卡本质上是你提前支取了未来的收入，是银行给你发放的贷款。

身份盗用对消费者有什么影响？

问题

你去银行取款，结果被告知你的账户里没有钱了，可是上周你刚存了 2000 元，这时候你会怎么办？

你的性格、外貌和个人特质会使你成为一个与众不同的人，你的姓名、身份证号、出生日期也会使你成为一个与众不同的消费者。你需要凭借这些信息取钱或借钱。那么，如果你的身份被盗用，这会给你的生活带来什么影响呢？

事实

身份盗用，或者叫身份欺诈，是指为了某种目的而盗用一个人的私人信息。身份窃贼能从受害者的银行账户中盗用资金，也能以受害者的名义申请信用卡、申请贷款。受害者可能几天、几周甚至几个月都不知道发生了什么，直到有一天，受害者本人申请贷款了，或者银行催缴账单了，才发现自己的身份被盗用了。还有一些窃贼利用偷来的身份信息进行更严重的犯罪。

身份窃贼是如何行窃的呢？首先，他们可能会通过翻垃圾箱，找到没有撕碎的银行对账单或信用卡对账单。其次，售货员或服务员可能会通过你提供给他们的信用卡，记下你的姓名、卡号和到期日。另外，窃贼还可能会盗用你的电子邮件。最后，当你在网上买东西时，有人可能会入侵你的电脑或手机，也有人可能会在聊天室中放置链接，还可能有人会克隆一个合法网站，用于收集你的信息。事实上，需要你输入私人信息的任何地方都可能是潜在的盗窃网站。

结论

虽然任何人都可能成为身份盗用的受害者，但应对身份窃贼并非束手无策。很多国家的法律法规要求相关机构在发现消费者信息可能被盗时，须第一时间通知本人。通过下面的"该做"和"不该做"清单，你可以了解一些避免身份被盗用的方式。

保护身份信息的方式

你应该做的：

1. 在丢弃所有包含私人信息的文件之前，把它们撕碎。
2. 收到新办的信用卡后立即签名。
3. 买东西结账时留意你的卡，用完尽快收回。
4. 及时打印账单，每月核对账目。

5. 如发现任何可疑支付，尽快向银行报告。

6. 每年检查两次信用报告。

你不应该做的：

1. 不要把信用卡借给任何人，也不要把信用卡、收据或记载账户信息的票据随意乱放。

2. 不要打开可疑的电子邮件，也不要随意打开网站上的链接。

3. 不要通过网络向任何人发送私人信息，除非你确认这是一个安全的网站。

想一想

如果你的身份信息被盗用，会对你产生什么影响？

你的身份信息安全吗？如果不安全，你觉得要怎么做才能保护好你的身份信息？

3

政府在经济中扮演着重要角色

- 为什么我们可以免费使用路灯？
- 国家的钱是从哪里来的？
- 政府的支出超过收入怎么办？

为什么我们可以免费使用路灯?

✳ 海口建成 20 个"口袋公园" ✳

2023 年 9 月 13 日上午,在海口龙华区,市民王女士在散步时笑着对记者说:"等小公园建好后,我们在家门口就有了休闲健身的好地方。"

记者了解到,这里正在建设的是一个名叫"重阳园"的小公园,建设面积约 2 亩,于 2023 年 9 月 6 日开工建设,预计工期 2 个月。记者从海口市园林和环境卫生管理局获悉,海口市要在主城区修建 20 个"口袋公园",这是政府 2023 年为民办实事项目之一,到 2023 年 12 月,20 个"口袋公园"全部建成开放。"口袋公园"也叫袖珍公园或迷你公园,是指规模很小的城市开放空间。

经济职能是指政府为了推动国家经济的发展、满足社会的需求，对经济进行管理和调控的职能，包括提供公共物品、宏观经济调控、市场监管等。接下来，你会了解政府是如何发挥经济职能的。

政府提供公共物品

公共物品是许多人可以同时使用的商品或服务。

> **生活中的经济学**
>
> 你去过博物馆或公园吗？它们是企业为了赚钱提供的服务吗？

有些商品和服务，你花了钱就占有了它，你多买了一个，别人就会少买一个。这些商品和服务叫作私人物品。比如，你在超市购买的零食，在文具店购买的文具，都属于私人物品。

私人物品具有排他性和竞争性。你购买了一袋棒棒糖，你就占有了它，别人就不能再拥有，这就是排他性。你购买了一袋棒棒糖，其他消费者就会少买一袋，这就是竞争性。私人物品一般是由企业提供的。

还有一些商品和服务，你享受了并不妨碍别人也来享受，你的享受也不会减少其他人的享受。这些商品和服务叫作"公共物品"。比如，路灯、公园和国防都属于公共物品。

公共物品具有非排他性和非竞争性。路灯照亮了你回家的路，并不妨碍它也能照亮别人回家的路，这就是非排他性。你得到了路灯照亮道路的好处，并不会减少其他人获得路灯照明的机会，这就是非竞争性。公共物品一般是由政府提供的。

政府提供的公共物品有很多，除了前面提到的博物馆、公园、路灯和国防，还有警察、公立学校、公立医院、城市图书馆等。

政府对宏观经济进行调控

政府通过调节利率、调节货币供应量、调节税收等方式对整个经济进行调控。

生活中的经济学

利率上升或下降对你的生活会有影响吗？对企业会有影响吗？

经济波动不可避免地会影响到消费者和生产者，特别是波动幅度较大的时候。在这种情况下，政府会对经济进行干预，尽量使经济波动趋于缓和，以免出现严重的失业、过高的通货膨胀和经济衰退等情形。

政府干预经济的第一种方式是财政政策。如果经济出现衰退，失业率较高，政府可以通过修公路、建地铁等增加支出的方式刺激经济，也可以通过减税的方式拉动企业的投资，进而增加就业，这种政策叫扩张性财政政策，也叫积极的财政政策。如果经济过热，通货膨胀率不断上升，政府可以减少支出，提高税率，进而稳定物价，这种政策叫紧缩性财政政策。

政府干预经济的第二种方式是货币政策。如果经济出现衰退，失业率较高，中央银行可以通过降低利率的方式降低消费者和生产者的借款成本，进而刺激消费和投资，以此拉动经济增长，也可以通过增加货币供应量的方式刺激经济，增加就业，这种政策叫扩张性货币政策，也叫积极的货币政策。

如果经济过热，通货膨胀率不断上升，中央银行可以通过提高利率、减少货币供应量的方式抑制消费和投资，进而稳定物价，这种政策叫作紧缩性货币政策。

政府对市场进行监管

政府要对企业和市场进行监督和管理，目的是保护消费者、促进公平竞争、维护企业的合法权益。

> **生活中的经济学**
> 如果你要开一家甜品店，你需要向哪里提出申请？

作为消费者，你希望食品是安全的，希望企业的生产都是合法合规的，希望市场中的交易都是公平的。这些都是消费者的合法权益，政府部门会对这些方面进行监管。

如果你的电子产品维修公司要开门营业，首先要向政府相关部门申请注册，拿到营业执照后你才可以对外营业，否则就是非法经营。如果你的公司有了一个新的发明，公司可以向政府相关部门申请专利，政府会保护公司的知识产权。

约翰·梅纳德·凯恩斯

经济学家（1883—1946）
剑桥大学经济学讲师
在一战和二战期间担任英国财政部顾问
在国际货币基金组织的创建中发挥了重要作用

约翰·梅纳德·凯恩斯（John Maynard Keynes）是《就业、利息和货币通论》的作者，曾长期担任剑桥大学经济学讲师，还曾担任英国财政部顾问。在创建国际货币基金组织的过程中，凯恩斯发挥了重要作用。因开创了经济学的"凯恩斯革命"，凯恩斯被称为"宏观经济学之父"。

凯恩斯是20世纪最有影响力的经济学家之一。20世纪30年代的大萧条时期，美国的GDP下降了30%以上，失业率上升了25%以上。面对大萧条，传统的自由放任经济理论似乎束手无策，只能等待市场的自行调整。

资本主义国家正在经历大萧条的时候，凯恩斯的《就业、利息和货币通论》于1936年出版了，这为经济发展提供了另一种选择。凯恩斯认为政府应该通过支出和税收等政策来积极刺激经济，减少失业。他还认为古典经济学理论的假设"一直都不令人满意，这些理论根本解决不了现实世界的经济问题"。

早在1926年，凯恩斯在一篇题为《自由放任主义的终结》

的文章中，就已经提出了政府有必要干预经济的理由："假定在经济活动中，人们拥有约定俗成的'天赋自由'，这并不正确。世界上不存在赋予人们这种永恒权利的'契约'。"

在《就业、利息和货币通论》中，凯恩斯最后得出的结论是：

> **市场中不存在一个能把私人利益转化为社会利益的'看不见的手'，经济危机和失业不可能消除，只有依靠'看得见的手'，也就是政府，对经济进行全面的干预，才能摆脱经济萧条和失业的问题。**

想一想

凯恩斯的《就业、利息和货币通论》出版时，资本主义国家正在经历什么事情？

凯恩斯对亚当·斯密的"天赋自由"观点持什么态度？

在经济学里，"看不见的手"指的是什么？"看得见的手"指的是什么？

国家的钱是从哪里来的？

✷ 税收普法从小做起 ✷

2023年"6·1"国际儿童节，天津市税务局以多种形式在青少年中开展普及税法活动，引导青少年从小树立税收法治观念。

在"税法伴成长，逐梦向未来"的税收小课堂，税务局工作人员用通俗易懂的语言、贴近生活的实例和生动有趣的视频，深入浅出地向小学生们讲解什么是税、税从哪里来、税到哪里去等基本知识，还开展了"同绘一张手抄报"活动，用手中的笔描绘出孩子们心中多彩的税收世界。

在"我心中的税收"绘画活动中，青少年们拿起手中的画笔，展现税的"取之于民"和"用之于民"。

政府提供公共物品需要花费大量的钱,如修铁路、建桥梁、办学校、开医院等。事实上,政府为了履行各种职能都需要花钱。那么,政府的钱从哪里来呢?接下来,你会了解政府最主要的收入来源,也就是税收。

个人需要交哪些税?

依法纳税是每个公民应尽的义务。

生活中的经济学

和父母交流一下他们每月需要交纳多少税。

当你赚了钱后,你要按照法律的规定给政府交税。

如果你毕业后到企业工作,每个月会有工资收入,就要按照规定的比例交个人所得税,收入越高,交税的比例越高。

如果你给一个杂志投稿赚了钱,或者把你的专利授权其他人使用赚了钱,或者帮人设计商标赚了钱,都需要按照规定交个人所得税。

此外,人们出租房子赚的钱,卖房子赚的钱,投资股票赚的钱,甚至是中奖赚的钱,也都需要交个人所得税。

企业需要交哪些税?

依法纳税是每个企业应尽的义务。

生活中的经济学

你知道吗?很多商品的价格里都是包含税的,甚至在有些商品的价格中税款占了一半多。

企业要交的税种很多,主要包括增值税、企业所得税、关税、消费税等。

企业采购原材料进行生产活动,然后把生产出的产品卖出去,这个过程中会有增值,因此要交增值税。例如,面包厂购买了100元的面粉生产出500元的面包,那么,面包厂要为这部分增值交增值税。如果汉堡店从面包厂购买了500元的面包和500元的其他食材,然后把生产出的汉堡卖了3000元,那么,汉堡店也要为这部分增值交增值税。

企业销售商品或提供服务会获得收入，扣除原材料成本、人员成本、租金成本等，如果还有剩余，就说明企业有利润，企业要为这部分利润交税，这种税叫作企业所得税，交完企业所得税的利润才是企业的净利润。当然，企业如果没有利润或者亏损了，就不需要交企业所得税。

如果你的电子产品维修公司去年的收入为 30 万元，各种支出加起来为 22 万元，那么，公司的利润是 8 万元（30 万 - 22 万 = 8 万）。假设按照法律规定公司要为这 8 万元的利润交 2 万元的企业所得税，那么，公司去年的净利润是 6 万元（8 万 - 2 万 = 6 万）。

企业进口商品要交关税。比如中国的法律规定，进口汽车要交 15% 的关税。也就是说，如果企业进口一辆 100 万元的小汽车，要交 15 万元的关税。

政府还会对少数消费品征收消费税，目的是调节产品结构，引导消费方向。换句话讲，如果想让人们少消费，甚至不消费某类商品，政府就会对这类商品征收消费税，这样就能提高它们的价格，进而降低消费者对这类商品的需求。

例如，中国会对烟、酒、高档化妆品、贵重首饰及珠宝玉石、高尔夫球及球具、高档手表等消费品征收消费税。在中国，某些香烟的消费税税率是56%，也就是说，一盒售价100元的香烟，里面包含了一半左右的消费税。除此之外，还会产生其他的税。

企业除了交上面几种税，还会交车辆购置税、土地增值税、资源税、房产税、车船税、城镇土地使用税、城市维护建设税、契税、印花税等等。

政府的支出超过收入怎么办？

✸ 国债也要靠抢？ ✸

2023年第五期和第六期储蓄国债（凭证式）于9月10日起发行。其中，第五期国债总额为100亿元，期限3年，票面年利率为2.85%；第六期国债总额为100亿元，期限5年，票面年利率为2.97%。这两期国债都从购买那一天开始计息，到期一次性还本付息。

国债的投资门槛较低，利息收入免征个人所得税，而且相比理财产品，国债几乎没有风险。因此，国债的发售总是备受市场关注。发售当天早晨8点20分左右，大多数银行都还没有开门，但已有不少市民在排队等待购买国债。也有部分银行提前开门，安排市民进入网点等候。一位正在排队的市民说："据说今天发行的国债是今年的倒数第三批，机会是抢一次少一次，所以我早早就来排队了，怕来迟了就没有额度了。"

政府为了履行经济、社会、政治等各种职能，每年会有大量的支出。政府的收入是稀缺的，一个领域的支出增加，就会导致另一个领域的支出减少，所以政府要做好收入和支出的计划。接下来，你会了解政府如何编制预算，以及政府为什么要借款。

政府每年都要编制预算

政府的年度预算显示当年或下一年度的预期支出和收入。

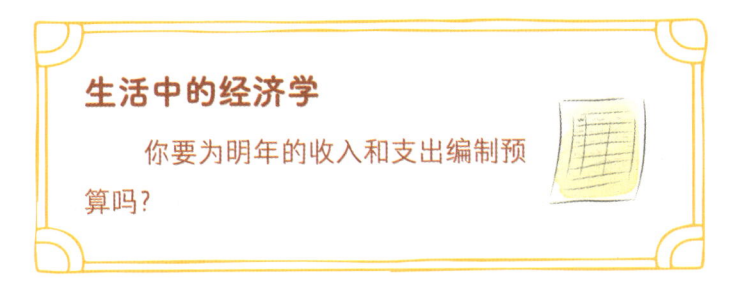

> **生活中的经济学**
>
> 你要为明年的收入和支出编制预算吗？

一个国家的各种经济活动不能盲目进行，每年都要做好下一年收入和支出的计划，并经过法定程序确认。比如，中国 2023 年的年度预算编制会在 2022 年底或 2023 年初进行，并在 2023 年的全国人大会议中进行表决。

政府会在预算中预计下一年收多少钱，通过什么方式收，比如通过增值税收多少，通过消费税收多少，通过企业所得税收多少，等等。政府还会预计收来的钱都用在什么地方，国防支出多少，教育支出多少，卫生健康支出多少，等等。

比如中国，2023 年全国一般公共预算收入突破了 21 万亿元，全国一般公共预算支出约为 27 万亿元。

政府编制预算的目的是平衡政府的收入和支出。如果政府收入大于支出，就是预算盈余。如果政府支出大于收入，就是预算赤字。比如中国，2023 年全国预算赤字约 6 万亿元。

政府的支出超过收入怎么办？

当政府支出超过收入时，就会出现预算赤字，差额则通过借款来弥补。

> **生活中的经济学**
>
> 问问你的父母，他们是否购买过国债？

政府的收入和支出通常不相等。有的年份，政府预算支出大于收入，就会导致预算赤字。出现预算赤字时，政府会通过借款来弥补这部分资金缺口。

如果是中央政府预算赤字，主要通过发行国债来弥补，购买国债的个人或企业实际上是把钱借给了中央政府。比如，中国 2022 年末国债余额约为 26 万亿元。

如果是地方政府（比如中国的省政府、市政府等）预算赤字，一般会通过发行地方政府债券来弥补，购买地方政府债券的人或企业实际上是把钱借给了地方政府。比如，中国2022年末地方政府一般债务余额约为14万亿元。

该不该对"人工智能"征税?

ChatGPT横空出世,人们在惊叹其"万能"的同时,也有各种各样的担心,比如"机器替代人"会不会引发失业问题。阿里研究院数字财税研究中心主任张凌霄说:"新技术的出现总会让曾经的工作消失,但也会逐渐演化出新的职业,并促使经济更高质量发展,就业结构更加合理。"类似的问题和场景,在历史上曾多次出现。例如,19世纪汽车的出现使得许多马车夫丢失了工作。然而,马车夫大可不必惊慌,后来随着社会的发展,许多马车夫逐渐转型为汽车司机或从事其他的新型职业。

因为人工智能替代了一些人的工作,所以有人建议征收"人工智能税"。对此,形成了正反两种观点。

正方

是的!应该征收,人工智能抢了人类的饭碗。

比尔·盖茨认为,人工智能取代了部分人的劳动,导致部分人失业，应当通过征税来补偿那些因此失业的人。

中国政法大学教授翟继光预计，随着人工智能的快速发展以及大量人类劳动被替代，主张对人工智能征税的观点将越来越多。为此他建议，不妨对人工智能"象征性"征税。一方面可以对失业人群"有所交代"，另一方面可以继续促进人工智能的发展，提高全社会生产效率，扩大税基。

反方

不应该征收！这会阻碍技术的发展。

持否定观点的，当然大有人在，其中就包括"ChatGPT"本尊。"应该对像你这样的人工智能征税吗？"面对提问，ChatGPT给出的回答是："我只是一个工具，没有能力纳税或进行任何金融交易，纳税的责任落在了创造我和利用我的实体身上。"它接着"论述"道："是否对人工智能征税是一个复杂的问题，需要考虑各种法律、道德和经济因素。一些人认为，由于人工智能技术的快速发展和广泛应用，需要对其进行税收管理，以确保技术发展的公正和可持续。然而，另一些人认为，对人工智能进行征税可能会阻碍技术发展，影响经济增长。最终，关于是否对人工智能征税，还需要进一步的讨论和研究。"

——改编自《该不该征收"机器人税"？ChatGPT和财税专家这样说》

想一想

为什么有人建议对人工智能征税？

你同意哪种观点？为什么？

4

国际贸易也会影响一国的经济

- 一个国家需要生产所有的产品吗?
- 如果要使用外国货币怎么办?
- 为什么有些国家要限制进口?

一个国家需要生产所有的产品吗?

✴ 中国的开心果从哪里来? ✴

开心果是中国消费者最喜欢的坚果之一,但由于它对生长环境的要求极其严格,所以开心果在中国很少种植。

新疆喀什地区因其独特的气候、光照、降水和土壤,是中国唯一能够种植开心果的地方。受种植地区限制,中国开心果产量较少,占全球产量不到 10%。

2021 年中国开心果产量为 7.88 万吨,进口量为 12.64 万吨,进口的开心果中 90% 以上来自美国和伊朗。目前,开心果的主产国有美国、伊朗和土耳其等国,占了全球产量的 80% 以上。

如果一国不再向其他国家出售商品,也不从其他国家购买商品,会有什么结果? 2022 年中国从其他国家购买的商品价值约占 GDP 的 15%,中国向其他国家出售的商品价值约占 GDP 的 20%。接下来,你会了解国际贸易在经济中的重要性。

💰 每个国家都能从彼此的贸易中受益

如果每个国家都专注于生产自己最擅长的商品，那么每个国家都能从国际贸易中受益。

生活中的经济学
你知道有哪些是进口的商品吗？

你在中国购买的商品，如果标签上写的产地不是中国，而是其他国家，那么这个商品就是进口商品。如果中国不进口任何商品，中国很多企业的生产会受到影响，很多中国人的生活也会受到影响。2022 年，中国消耗的铁矿石中约 80% 是从澳大利亚和巴西等国家进口的，如果不进口铁矿石，中国的汽车生产、铁路修建等都会受到影响。中国的开心果产量少，只能依靠进口，如果不进口开心果，中国的很多消费者可能就吃不到开心果了。

中国会进口其他国家生产的商品，也会把中国生产的商品卖到其他国家，也就是出口。中国是世界第一大出口国，中国生产的手机、电视和服装等商品，出口量都在世界上遥遥领先。

每个国家的地理位置、气候、生产资源等各方面都会有所不同，经济发展所处的阶段也会不同，因此每个国家都有

自己擅长的领域。俄罗斯的天然气资源比较丰富，印度尼西亚的气候更适合种植咖啡豆，意大利在时尚领域有更多杰出的人才，中国在高铁列车和新能源汽车等领域积累了丰富的经验。每个国家进口自己没有的或者不擅长生产的商品，出口自己更擅长生产的商品，各个国家都能因此而受益。

每个国家生产具有比较优势的产品

每个国家只需要生产自己具有比较优势的产品，就可以从国际贸易中受益。

> **生活中的经济学**
>
> 每个人都有独特的天赋和弱点，每个人的特点决定了他适合做什么工作。想一想：你擅长做什么？你长大后想做什么？

如果一个国家生产所有产品都比其他国家更便宜，那么这个国家就不需要进口其他国家的产品了吗？当然不是。因为每个国家的资源都是稀缺的，所有国家都必须就如何使用其稀缺的资源做出选择。假设中国想生产所有的产品，可是中国的土地是有限的，劳动力是有限的，原材料也是有限的，生产不出来那么多的产品。

什么是绝对优势？

资源的独特分布往往使一个国家在一种或多种产品的生产上比另一个国家更有优势。例如，巴西属于热带气候，而且拥有丰富的廉价劳动力，所以巴西非常适合种植香蕉；而法国气候温和，劳动力成本高，所以法国香蕉的产量就少很多。因此，相对于法国，巴西在香蕉生产上具有绝对优势。

一个国家生产几种本国具有绝对优势的产品，然后出口到其他国家，这样做是有利可图的，这就是专业化。例如，在生产手机等电子产品方面，中国的专业化程度很高，许多国家都会从中国进口手机等电子产品。

什么是比较优势？

如果一个国家的绝对优势很少，甚至没有，那么这个国家可以生产自己具有比较优势的产品，这样的专业化生产也是有利可图的。

假设有两个国家 A 和 B 都能生产大豆和玉米。

如果只生产大豆，A 国能生产 1000 吨，而 B 国能生产 800 吨。如果只生产玉米，A 国能生产 5000 吨，而 B 国能生产 2500 吨。可见，A 国在生产大豆和玉米方面都具有绝对优势。

如下表所示：

产品	A 国可生产	B 国可生产
全部生产大豆	1000 吨	800 吨
全部生产玉米	5000 吨	2500 吨

这是否意味着 A 国会同时生产大豆和玉米，而 B 国两样产品都不生产？事实并非如此。A 国能生产的大豆比 B 国略多一点，而 A 国能生产的玉米比 B 国多很多。直观感觉，如果分工的话，A 国应该生产玉米，B 国应该生产大豆。

如果 A 国选择生产大豆 1000 吨，需要放弃生产 5000 吨的玉米，也就是说 A 国生产 1 吨大豆的机会成本是 5 吨玉米，而 B 国生产 1 吨大豆的机会成本是 3.125 吨玉米，B 国生产大豆的机会成本更低，所以 B 国生产大豆具有比较优势。因此，B 国应该选择生产大豆。

如果 A 国选择生产玉米 5000 吨，需要放弃生产 1000 吨的大豆，也就是说 A 国生产 1 吨玉米的机会成本是 0.2 吨大豆，而 B 国生产 1 吨玉米的机会成本是 0.32 吨大豆，A 国生产玉米的机会成本更低，所以 A 国生产玉米具有比较优势。因此，A 国应该选择生产玉米。

产品	A国机会成本	B国机会成本
全部生产大豆	5吨玉米	3.125吨玉米
全部生产玉米	0.2吨大豆	0.32吨大豆

通过上表可以看出，A国在玉米生产上具有比较优势，B国在大豆生产上具有比较优势。也就是说，比较优势是指一个国家相对于另一个国家，能以更低的机会成本生产某种产品的能力。根据比较优势的理论，A国应该使用全部资源种植玉米，而B国应该使用全部资源种植大豆，之后A国可以将多余的玉米出口到B国，用赚的钱进口B国多余的大豆。

这样，A国和B国都集中生产自己具有比较优势的产品，两个国家的人们都能从中受益。

雷军

企业家（1969—　）
小米公司创始人

雷军出生于湖北仙桃，高中毕业后以优异的成绩考入了武汉大学计算机系。仅用了两年时间，他修完了所有学分。大四的时候，雷军就开始和同学一起创业，不过，没多长时间公司就解散了。

雷军毕业后加入了金山软件公司，成为金山的第6名员工，也是金山的创始人之一。1998年，雷军出任金山的总经理，带领金山于2007年完成上市。作为天使投资人，雷军还投资了数十家互联网创业企业。

2010年4月，雷军创办小米科技，并于2011年8月发布其自有品牌小米手机。"为发烧而生"是小米的产品概念。"让每个人都能享受科技的乐趣"是小米公司的愿景。现在，小米已经是全球最大消费类物联网平台，连接超过6.55亿台智能设备，进入全球100多个国家和地区。

2016年，小米开始注重海外市场的发展，并且发展势头迅猛。小米手机已经出口到了俄罗斯、马来西亚等新兴市场国家，以及西班牙、法国、意大利等发达国家，并在很多国家智能手机的销量中排名领先。

关于创办小米的初衷,雷军曾说:

> 我自己参与了金山软件的创办,深知创业的艰难,那是什么启发我退休以后再创业的呢?是在我在快 40 岁的时候,有天晚上做梦醒来,觉得自己好像离梦想渐行渐远,我问我自己是否有勇气再来一回。其实这个问题很难回答,我想了半年多的时间才下定决心,不管这次创业成功与否,我不能让人生充满遗憾。我一定要去试一下,看自己能不能创办一家世界级的技术公司,做一件造福世界上每一个人的事情,所以我下定决心要做这件事情。

想一想

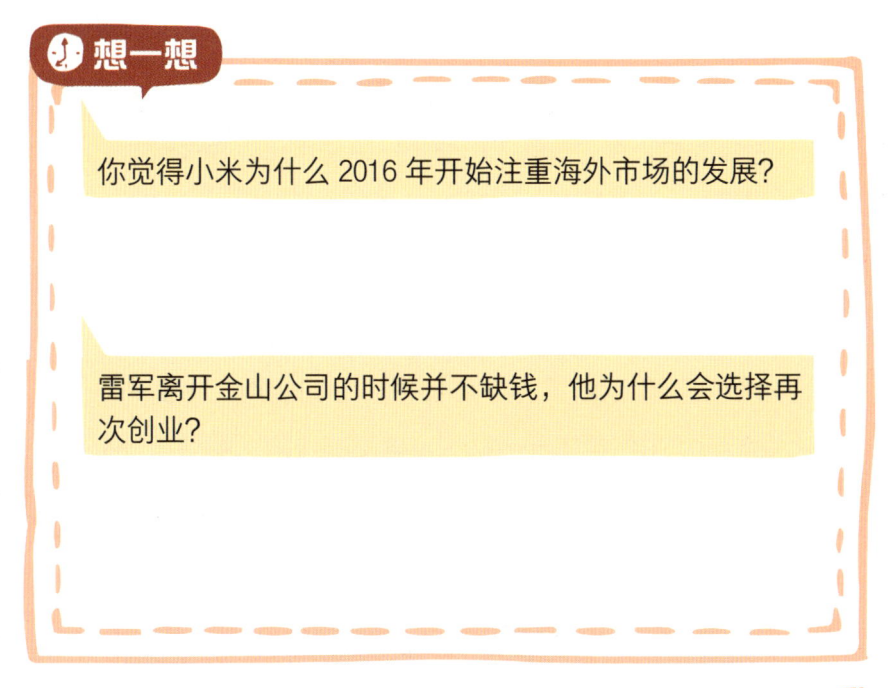

你觉得小米为什么 2016 年开始注重海外市场的发展?

雷军离开金山公司的时候并不缺钱,他为什么会选择再次创业?

如果要使用外国货币怎么办？

✳ 连涨 8 周的美元突然跌了？ ✳

2023 年 9 月 11 日，美元对欧元、日元、英镑等十余种主要币种汇率出现全面下跌。其中，美元对日元、澳元汇率一日内一度跌超 1%。

在这次下跌前，美元一段时间以来的表现都非常强势。截至 9 月 8 日，在美联储加息等因素的支撑下，美元指数已经连续 8 周上涨。媒体报道称，这是美元指数近 9 年以来最长的连涨纪录。

与此同时，其他货币纷纷贬值。欧元对美元汇率连跌 8 周，日元暴跌，印度卢比一直在历史低点附近徘徊，人民币汇率也创下 2007 年以来新低。

每个国家在国内贸易中都使用自己的货币，比如中国使用人民币，美国使用美元，法国、德国等欧盟国家使用欧元，日本使用日元。在国际贸易中，常用的货币有美元、欧元、日元、人民币等。接下来，你会了解国际贸易中不同货币之间的比价，也就是汇率。

不同货币之间经常需要兑换

汇率就是不同货币之间兑换的比率。

> **生活中的经济学**
>
> 去法国旅游带什么货币呢？怎么获得这种货币？

两种货币之间兑换的比率称为汇率。不同的货币之间为什么要兑换呢？比如，一家向美国出口手机的中国企业收到美国客户支付的美元后，很多时候需要到银行把美元换成人民币，因为中国的企业一般需要用人民币支付工人的工资和供应商的货款。再比如，一家进口比利时巧克力的中国企业，需要先到银行把人民币换成欧元后，再支付给比利时的巧克力企业。

无论是美元换人民币,还是人民币换欧元,都不是简单的 1∶1 兑换,而是有一个兑换的比率,这个比率就是汇率。比如 1 美元 ≈ 7.3 元人民币,1 欧元 ≈ 7.7 元人民币。

下表给出了 2023 年某日的部分汇率数据。

部分外汇汇率

货币	人民币外币	外币对人民币
澳大利亚(澳元)	4.6767	0.2138
巴西(雷亚尔)	1.4660	0.6821
英国(英镑)	8.8905	0.1125
加拿大(加元)	5.4090	0.1849
美国(美元)	7.3113	0.1368
欧盟(欧元)	7.7295	0.1294
印度(卢比)	0.0878	11.3873
日本(日元)	0.0491	20.3844
墨西哥(比索)	0.4167	2.3998
南非(兰特)	0.3833	2.6090
委内瑞拉(玻利瓦尔)	0.2145	4.6610

阅读检查

按照上面的汇率表,你可以用 100 元人民币兑换多少日元?

现在各国普遍实行浮动汇率制度

20世纪70年代开始,各国逐渐由固定汇率制度转向了浮动汇率制度,也就是由供求关系决定货币价格。

> **生活中的经济学**
>
> 如果现在你有100元人民币,查一查,今天能兑换多少美元。明天再看看能兑换多少。一个月后再看看能兑换多少。

在浮动汇率制度下,供求关系可以决定货币的价格,任其自由涨落。一种货币的价格可能每天都会变化。

假设墨西哥出口商想要的美元数量多于美国进口商提供的美元数量。这时美元的需求量超过供给量,那么美元相对于墨西哥比索就会变得更加昂贵,美元相对于墨西哥比索就会升值。

一国货币贬值能提高其在国际贸易中的竞争优势。假设人民币对日元的汇率从1:20降到1:18,那么中国出口到日本的商品价格就会降低,原来卖20日元的商品现在只需要18日元,这时候中国的商品在日本市场就更有价格优势了。

汇率会影响两国的贸易差额

在一段时期内,一国出口总额与进口总额的差,叫作贸易差额。

> **生活中的经济学**
>
> 如果人民币对欧元升值,法国的商品对你来说会变得更便宜还是更贵?

一国的贸易差额就是出口与进口的差额。如果出口额大于进口额,就叫贸易顺差;如果出口额小于进口额,就叫贸易逆差。例如,中国 2022 年货物贸易顺差接近 6 万亿元人民币,美国 2022 年货物贸易逆差超过 8 万亿元人民币。

两个国家之间也有贸易差额。对 A 国来讲,如果对 B 国的出口额大于从 B 国的进口额,就说 A 国对 B 国贸易顺差,

也就是 B 国对 A 国贸易逆差。例如，2022 年，中国对美国出口约 4 万亿元人民币，从美国进口约 1.2 万亿元人民币，所以中国对美国贸易顺差约 2.8 万亿元人民币，美国对中国贸易逆差约 2.8 万亿元人民币。

汇率会对两国间的贸易差额产生重要影响。如果一个国家的货币贬值，这个国家可能会出口更多产品，因为对其他国家来说，该国的产品会变得更便宜，这很可能会增加顺差或者减少逆差。相反，如果一个国家的货币升值，该国的出口额就会下降，因为该国的产品在国外会变得更贵，这很可能会减少顺差或增加逆差。

为什么有些国家要限制进口？

✳ 中国和东盟互为第一大贸易伙伴 ✳

自2020年以来，东盟超越欧盟成为中国最大的贸易伙伴，中国则从2009年起连续14年保持东盟第一大贸易伙伴。2022年中国与东盟双边贸易额达9753亿美元，同比增长11.2%，比2013年的4436亿美元扩大了1.2倍。同时，中国与东盟互为重要的投资合作伙伴。截至2023年7月，中国同东盟国家累计双向投资额超过3800亿美元，在东盟设立直接投资企业超过6500家。

当前，中国和东盟双方正积极推进自贸区3.0版谈判，全面提升中国—东盟经贸制度型开放水平。中国—柬埔寨自贸协定生效实施，中国—新加坡自贸协定升级后续谈判实质性完成，中国—东盟东部增长区、澜湄等次区域合作稳步推进，都为区域合作注入强劲动力。

新加坡《联合早报》认为，在发达国家市场需求下滑之际，东盟与中国之间更加紧密的联系与合作有助于稳定全球贸易。

有的国家为了保护本国的产业，可能会对进口设置一些限制因素。同时，世界各国都一直在积极努力，推动双边自由贸易和多边自由贸易。接下来，你会了解阻止或限制国际贸易的方式，以及推动自由贸易的方式。

限制进口的方式有哪些？

关税和配额是两种常见的限制进口方式。

生活中的经济学

你知道一辆进口汽车的价格中，关税占多大比例吗？

关税是对进口商品征收的一种税，按照征收目的，大致可以分为三类。

第一类是收入性关税，也就是财政关税，主要用于增加政府收入，不会显著限制进口。中国对进口大米征收1%的关税，主要是为了增加政府收入，是一种收入性关税。

第二类是保护性关税，主要是为了提高进口商品的价格，从而保护国内的生产者。中国对进口汽车征收15%的关税，主要是为了保护本国的汽车产业，是一种保护性关税。

第三类是惩罚性关税，也就是报复性关税，即当其他国家对本国商品有不公正待遇时，对从该国进口的商品加征的关税，一般发生在国与国之间产生贸易摩擦的时候。美国政府于 2019 年 12 月宣布，将对价值 24 亿美元的法国进口商品加征 100% 的关税，其中包括葡萄酒、奶酪、化妆品、珠宝等等。随后法国政府于 2020 年 1 月宣布，将对价值 12 亿美元的美国进口商品加征 25% 的关税，其中包括飞机、化工品等等。这种报复性关税的实施对两国的出口和经济都造成了冲击。

  限制进口的另一种方法是配额，也就是对某种商品的进口数量进行限制。例如，2023 年中国对大米进口实行配额 532 万吨，如果当年进口超过配额限制，则征收 65% 的关税。

  限制进口的利弊经常成为公众和经济学家激烈争论的主题。贸易保护主义者主张限制进口，他们认为为了保护国内产业，有必要限制进口。而自由贸易的支持者认为不应该限制进口，因为自由贸易可以使消费者以更实惠的价格买到更多的商品。下面是关于自由贸易的争论：

反对自由贸易的理由

就业安全	贸易保护主义者认为，如果外国竞争者以低于本国企业的价格出售商品，许多本国工人将会失业。例如，20世纪80年代，由于外国的竞争，美国钢铁厂解雇了很多工人。
社会经济安全	贸易保护主义者认为，某些行业对本国经济至关重要，比如石油这样的行业应该受到保护，使其免受外国竞争者的冲击。
新兴产业	贸易保护主义者认为，用关税和配额作为对新兴产业的临时保护是必要的。如果在一段时间内限制外国竞争，一个年轻的产业可能会因此变得足够强大，然后再到全球市场上参与竞争。

支持自由贸易的理由

改良产品	来自外国的竞争会激励本国企业改进技术和生产方式。更好的技术有利于改进商品和服务的生产和供应，从而提高人们的生活水平。
专业化和比较优势	支持自由贸易的人认为，适度的专业化会使消费者受益，因为生产方面的比较优势会使更多商品以较低价格出售。

各国努力推动自由贸易

各国一直在努力降低关税,并鼓励更多国际贸易。比如通过谈判达成协定,减少国家间的贸易限制。

> **生活中的经济学**
>
> 你去过其他国家吗?想一想:为什么一个国家会想与邻国保持良好的贸易关系呢?

世界贸易组织(World Trade Organization,以下简称 WTO)是当今世界最重要的国际经济组织之一。WTO 在调解成员方之间的贸易争端方面具有更高的权威性和有效性。截至 2023 年,WTO 有 164 个成员。

在世界许多地方,为增加区域内的自由贸易,达成了诸多区域贸易协定。比如,1992 年美国、加拿大和墨西哥签署了北美自由贸易协定,旨在取消区域内贸易障碍,建立一个自由贸易区,2018 年被美墨加协定取代。

当今世界最重要的区域贸易协定是欧盟。1993 年欧盟正式成立,成员国之间没有贸易限制;很多成员国使用共同的货币,也就是欧元。目前,欧盟由 27 个欧洲国家组成。

全球经济

欧盟是由 27 个独立的欧洲国家组成的组织，其目标是建立一个统一而强大的市场。假设下图是某年欧盟与部分国家的贸易额。

美国
出口到美国：5093 亿欧元
从美国进口：3584 亿欧元

中国
出口到中国：2303 亿欧元
从中国进口：6260 亿欧元

瑞士
出口到瑞士：1880 亿欧元
从瑞士进口：1452 亿欧元

英国
出口到英国：3286 亿欧元
从英国进口：2186 亿欧元

俄罗斯
出口到俄罗斯：552 亿欧元
从俄罗斯进口：2034 亿欧元

83

全球思维

在上述五个国家中，欧盟与哪些国家是贸易顺差？与哪些国家是贸易逆差？

上述的哪个国家是欧盟最大的贸易伙伴？哪个国家是欧盟的第二大贸易伙伴？（按照与该国的"进口额＋出口额"计算）

5

我们的经济正日益全球化

- 经济为什么会全球化？
- 我们应该如何面对经济全球化？

经济为什么会全球化?

✲ 你中有我，我中有你 ✲

在北京的超市里，你能买到智利的车厘子、泰国的榴梿和比利时的巧克力。中国的很多城市都有星巴克咖啡店，这是一家总部在美国西雅图的咖啡品牌，可是星巴克店里用的咖啡豆并不是来自美国，而是来自印度尼西亚、哥伦比亚、埃塞俄比亚等国家。

你穿的耐克运动鞋，你以为来自美国，实际上很可能来自中国福建或山东的代工厂。你以为路上跑的奥迪小汽车来自德国，实际上大部分来自中国长春的合资工厂。

你能在法国巴黎看到中国工商银行，能在新加坡吃上中国的海底捞，也能在中国深圳看到英国的渣打银行，还能在中国上海吃上美国的必胜客。

我们的世界比以往任何时候都更像一个地球村。国与国之间早就不是简单地做生意，美国公司可以在中国生产手机，在越南生产服装，在菲律宾生产运动鞋。日本公司可以在泰国开便利店。中国公司可以在西班牙开手机店。全球经济你中有我，我中有你，更加一体化了！

在中国，你可以很方便地买到国外品牌或者进口的商品。在国外，你看到中国的品牌或中国生产的商品也并不稀奇了。接下来，你会了解一国经济如何成为全球经济的一部分。

通往经济全球化的信息高速公路

通信技术的发展为实现经济全球化完善了信息基础设施。

生活中的经济学

你在哪些方面会用到互联网？

经济全球化主要表现在世界各国之间的经济相互依赖，世界经济日益成为一个紧密联系的整体。促成经济全球化的原因有很多，其中一个原因是通信技术的进步。

1866 年，第一条横跨大西洋的海底电缆铺设完成，建立了欧洲和北美洲之间的直接通信网络。在那之前，要弄清美元在伦敦的价格，需要花两周时间，有了海底电缆之后，这一时间缩短到两分钟。随着芯片的发明，通信技术实现了飞速发展，进而促进了互联网的发展。现在，你可以和全世界的国家实现即时通信，也可以随时随地查询各种货币的汇率，还可以查询世界各地股票的价格。这不仅大大提升了沟通的效率，还节约了获取信息的成本。

金融全球化推动了经济全球化

由于各国金融管制的放松和通信技术的发展，金融市场的活动已经能够突破国界限制，在全世界范围内进行。

生活中的经济学

你知道"学而思"和"海底捞"都是在哪里上市的吗？

金融全球化已经成为当今世界的一种重要趋势。中国的企业可以到国外股票市场上市，比如"阿里巴巴""京东""百度""抖音"等中国公司都在美国上市。中国的投资者可以购买美国、新加坡等国外股票市场的股票，国外的投资者也可以购买中国股票市场的股票。外汇、原油、天然气和黄金等市场已经实现了每天 24 小时连续不间断交易。

金融全球化可以帮助企业扩大融资范围，使其能在全球范围内寻找投资者。京东的股东有来自美国的沃尔玛，阿里巴巴的股东有来自日本的软银。金融市场的全球化还可以帮助国内的投资者在全球范围内分散投资，降低风险。

当然，金融全球化也会带来一些问题。如果一个国家发生金融危机，很快就会传导到其他国家或地区，使危机范围不断扩大，甚至会波及全球的经济。例如，2008 年美国金融危机最终酿成了一场全球性的经济危机，各国股市均遭到了重挫，世界多个国家面临严重的金融危机，全球经济陷入衰退。

曾毓群

企业家（1968— ）
宁德时代创始人，董事长兼总经理

曾毓群1968年出生在福建省宁德市岚口村，是一名普通的农家子弟。1989年从上海交通大学毕业后，本想从事船舶设计和制造的工作，但因为当时的工作岗位并不能让他充分地施展才华和抱负，他转行进了外资高科技企业工作。在那里，他很快从一名技术员成长为高级核心技术与管理人员，并参与了多项锂电池的研发和生产项目。

1999年，曾毓群创立了自己的公司ATL（Amperex Technology Limited），主要从事锂离子电池的研发和生产，客户包括苹果、戴尔和惠普等跨国公司。2008年，曾毓群为了适应市场需求和国家战略，开始涉足电动汽车电池市场。2011年正式成立宁德时代，专注于生产动力电池。2018年，宁德时代成为中国首家上市的动力电池企业。

上市后，宁德时代加快了全球化布局，在德国、法国、波兰、印度尼西亚等国家建立了海外生产基地，与特斯拉、大众、宝马、戴姆勒、本田、丰田等国际知名汽车厂商建立了战略合作关系。现在，宁德时代已经成为全球第一大动力电池生产企业，2023年在全球动力电池市场的占有率约为37%。

曾毓群是一位低调的企业家，他不喜欢炫耀自己的财富和成就，而是更关注企业的社会责任和可持续发展。他积极参与社会公益事业，多次向母校上海交通大学捐赠资金和股票，支持教育事业。他也是上海交通大学未来技术学院的名誉院长，致力于培养新能源领域的人才。他还积极参政议政，多次在全国两会上提出关于新能源产业发展的建议和意见。

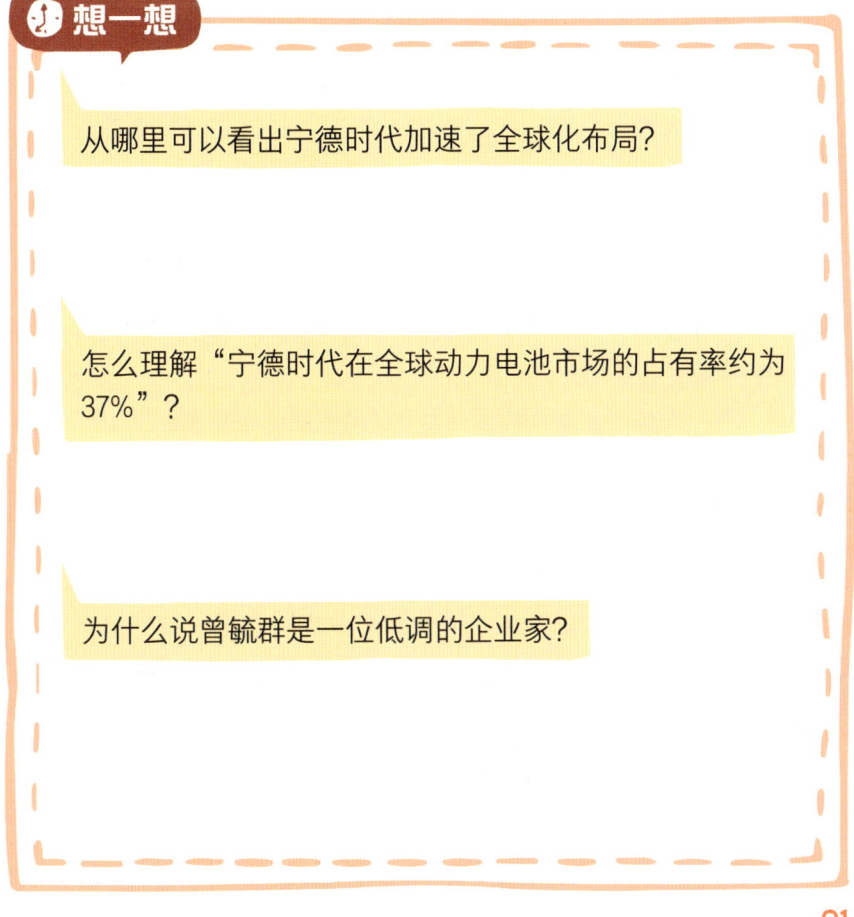

想一想

从哪里可以看出宁德时代加速了全球化布局？

怎么理解"宁德时代在全球动力电池市场的占有率约为37%"？

为什么说曾毓群是一位低调的企业家？

我们应该如何面对经济全球化？

✳ 跨国公司加码在华投资 ✳

2023年以来，众多跨国公司高管密集访华，他们普遍表示，中国市场不是"可选项"，而是"必选项"，将持续加码在华投资，深耕中国市场。

太古可口可乐在苏州的工厂于2023年9月20日宣布动工，项目总投资20亿元人民币，这也是太古可口可乐迄今在华最大的一笔战略性投资。太古可口可乐总裁苏薇表示："预计未来10年，太古可口可乐在中国的投资总额将超过120亿元人民币。"

特斯拉首席执行官马斯克2023年访华时赞扬了中国发展的活力和潜力，表示对中国市场充满信心，希望继续深化互利合作。

欧盟委员会执行副主席东布罗夫斯基斯说："作为世界第二大经济体、第一制造业大国和第一货物贸易大国，中国在全球价值链中发挥着重要作用。中国经济走势将影响全球经济，过去几十年的全球经济增长一直受到中国经济强劲增长的支撑。"

如果一家公司在许多国家设有分支机构,并在这些国家从事生产或经营,这家公司就是跨国公司。接下来,你会了解这些跨国公司是如何促进经济全球化的。

💰 跨国公司通过投资等多种形式发展壮大

跨国公司不只是把产品卖到了其他国家,也会在其他国家设立分支机构,还会把特许经营权转让给其他国家的企业。

> **生活中的经济学**
>
> 你的老师上课用 PPT(演示文稿)吗?PPT 就是一家跨国公司的产品。

跨国公司离我们并不远。截至 2023 年,北京 CBD 有跨国公司地区总部 110 家。

很多跨国公司的产品已经深刻影响了很多国家人们的生活,他们的品牌已经深入人心。中国石油、华为、腾讯、联想等中国公司是跨国公司,麦当劳、星巴克、迪士尼、耐克等美国公司是跨国公司,西门子、大众、宝马、阿迪达斯等德国公司是跨国公司,松下、丰田、索尼、佳能等日本公司是跨国公司。

尽管很多大型跨国公司在世界各地投资，但大多数投资都在离总部较近的地区。例如，欧洲公司主要在西欧投资，美国公司主要在美国、加拿大、墨西哥和南美洲投资，日本公司主要在日本、韩国、中国和东南亚投资。

跨国公司除了在其他国家进行投资，也会和其他国家的公司进行合作，有的合作采用合资形式，有的采用特许经营权转让的形式。比如德国大众和中国汽车企业进行了合资，麦当劳把在中国的特许经营权转让给了中国的公司。事实上，很多国家政府都会要求跨国公司与当地公司成立合资企业，这样当地人也能够获得部分利润。

我们要拥抱全球化

经济全球化有利于提升社会内部对多样性的宽容度。

> **生活中的经济学**
>
> 你是否用过国外品牌的商品？是否坐过国外品牌的汽车？是否有其他国家的朋友或同学？在当今全球化的世界中，拥抱多样性很重要。

全球化使得各国人们之间的流动增加了，很多大城市成了多元文化的国际都市。美国纽约、英国伦敦、日本东京、法国巴黎、新加坡都是国际化程度很高的城市，在这些地方，你能看到各种颜色的皮肤、各种颜色的头发，也能听到各种语言，还能吃到世界各地的美食，感受到世界各地的文化。北京、上海和深圳等中国城市的国际化程度也越来越高，正在逐步成为多元文化的聚集地。我们的世界正日益成为一个地球村，今天比以往任何时候都更需要用开明的思想和宽容的态度去拥抱多样性，拥抱全球化。

工作人员遍布全球

现在,工作的地理位置已经不那么重要了。即使是规模较小的公司,也有可能组建了横跨各大洲的团队。无论是笔记本电脑、电子邮件地址,还是手机或内部网,都使用标准化的信息技术平台。不管是在新加坡、伦敦还是在北京,这都无关紧要。事实上,通过手机号码和电子邮件地址,已经很难判断一个人在哪个城市工作。同一栋写字楼的两个人可以在不同的时区工作,一个人可能正吃着早餐,而另一个人可能刚刚结束一天的工作。

尽管现在的世界可以让相距遥远的两个人像邻居一样合作,但也存在一些挑战。你的芝加哥团队成员已经下班回家了,而上海团队成员可能刚睡醒,或者你的伦敦团队可能需要你凌晨3点开会。这导致的结果是,如果人体极限允许的

话，一天工作时间可以达到 24 小时。在这种情况下，人们必须学会按照自己的时间表工作。地理位置变得不那么重要了，人与人之间的沟通和联络将会一直存在。

全球化小贴士

如果你要去另一个国家出差，要学会入乡随俗。一家网站登出了在日本做生意的建议：

★ 谈话开始的几分钟，不要谈论业务。

★ 除非对方允许，否则不要冒昧地直呼其名。

★ 送礼是日本礼仪的重要组成部分，请双手奉上你的礼物。

★ 如果日本人邀请你到家里做客，可以带上鲜花、蛋糕或糖果。无论送什么东西，数量都不能是 4 和 9，因为这两个数字在日本人眼中是不吉利的。

全球化对所有人都有好处吗?

对你来说,全球化是机遇还是威胁?这取决于你是谁,以及你在哪里。赞成全球化的人将全球化定义为资金和产品在全世界范围的自由流动,也就是说,投资和营销都没有了国界。他们相信全球化既能带来全球共同的价值观,也能带来经济上的合作共赢。反对全球化的人认为西方资本家正在把他们的经济制度和消费文化强加给其他国家,他们把本国就业机会的流失和贫富差距的扩大都归咎于全球化。那么,全球化对所有人都有好处吗?

正方

是的!全球化丰富了每个人的选择。

全球化使人们的选择和机会成倍增加。人们可以选择购买当地企业的产品,也可以选择购买国外的产品。人们不一定必须长期在一家企业工作,他们还可以寻找更多的就业机会。人们能够接触到世界各地的文化,进而提高掌控自己生活的能力,这会带来整体经济的繁荣。

自由市场、自由贸易和自由选择使每个人都拥有更多的自主权。如果消费者不偏好国外商品的话,没有一家公司会从国外进口商品。如果人们不用每天发送电子邮件、网上购物、线上联络，互联网的发展就会变缓直至消亡。人们吃厄瓜多尔的香蕉，开德国的汽车，去泰国度假，通过投资美国的股票和西班牙的房产来为退休生活存钱。虽然企业是这些事情的实际执行者，但人们的个人意愿才是这些事情的主导。

反方

不是！只有本国掌控经济才会把人们的利益置于利润之上。

全球化意味着由大公司控制世界经济，而这些大公司既不效忠于某个地区，也不效忠于某个国家，他们只想要赚取更多的利润。全球化的本质是让消费者权利和环境权利都从属于全球贸易和投资。比如，全球化无法禁止贸易活动损害消费者的利益，也无法禁止新的工厂对环境造成伤害。全球化不会促进自由贸易，也不会繁荣经济。事实上，繁荣经济的最佳方式是从社区、街道、农场和企业等基层开始。

想一想

正方认为,企业是否进口商品,最终是由谁决定的?

反方认为,繁荣经济的最佳方式应该从哪里开始?

你认同哪方的观点?为什么?